CHANTS ET LÉGENDES POPULAIRES

D'ALSACE

QUI SE RATTACHENT A LA TEMPÉRATURE ET AUX DIFFÉRENTS AGENTS
QUI LA DÉTERMINENT.

Extrait de la REVUE D'ALSACE

Personne ne l'ignore plus aujourd'hui : nos légendes populaires sont des souvenirs vagues mais précieux de nos origines historiques : ce sont, pour ainsi dire, les dernières oscillations parvenues jusqu'à nous d'un passé lointain, mystérieux et souvent incompris. Histoire et mythe, loi écrite et droit coutumier, philosophie et superstition, vérité et erreur : tout s'y reflète, tout y continue à vivre de la vie du symbole, qui est celle de la poésie.

De même que l'enfant ignore le prix du caillou qu'il tient dans sa main et qui renferme le diamant, de même le peuple ignore tout ce que renferme de trésors la simple et naïve tradition que ses ancêtres lui ont léguée pour qu'il la transmette, à son tour, aux générations suivantes.

S'il est poète malgré lui, en rapportant, sans les interpréter, ces merveilleuses créations d'un âge passé, le peuple l'est encore sous un autre point de vue et d'une autre manière dont il ignore également toute la portée, tout le charme : je veux parler de son langage à lui, langage, non de convenance, non d'étude, mais qui est d'autant plus énergique et plus vrai, qu'il est plus spontané et plus naturel.

C'est dans les *dialectes* surtout, que le langage populaire a conservé sa plus étonnante variété, son expression la plus riche, la plus poétique.

Ces pauvres dialectes, traités autrefois avec tant de dédain par le pédantisme d'une érudition surannée, bafoués par la prétentieuse ignorance des précieux ridicules de nos jours, — les dialectes ont fait invasion dans la science qui leur doit la solution de plus d'une énigme philologique.

Mais trève de science, aujourd'hui ! Nous ne demanderons, cette fois-ci, à l'un dé ces dialectes, à celui qui se parle entre la rive gauche du majestueux fleuve du Rhin et la belle chaîne des Vosges, que quelques uns de ces chants populaires, que quelques unes de ces légendes naïves, qui se rattachent à la température et aux différents agents qui la déterminent.

« Le petit homme-aux-fagots, » *das Wellemännel*, (¹) de son vivant, voleur de bois, s'il en fût, et qu'un arrêt suprême a condamné à exercer éternellement, dans la *lune*, son vilain métier, — le *Wellemännel* a terminé sa besogne. Il a réuni en fagots les branches d'arbre volées; il saisit sa cognée, prend sa charge sur ses épaules, éteint sa lanterne et va gagner son gîte solitaire. C'est à lui que, dans le Bas-Rhin, les enfants adressent cette ronde joyeuse :

> *Wellemännelè im Mond,*
> *Guck è Bissel 'runter !*
> *Guck in alli Stuwwè 'nin,*
> *Gelt, es nimmt di wunder ?*
> *Wirf din Leiterle-n-'èra,*
> *Graddel driwwer 'nunter,*
> *Vornè 'ra,*
> *Hintè 'ra,*
> *Iwwer alli Stangè !*
> *Wenn dè mit*
> *Spielè wit*
> *Muesch m'r 's Lisselè fange !*

C'est-à-dire :

> « Petit homme-aux-fagots, qui habites la lune,
> Jette un peu tes regards sur la terre ;
> Jette-les dans nos chambrettes !
> N'est-ce pas tu es curieux (de savoir ce qui s'y passe ?)
> Jette en-bas ton échelle,
> Descends bien vite vers nous,
> Par devant,
> Par derrière,
> Passe par-dessus toutes les perches ! (franchis tous les
> obstacles !)

(¹) Presque tous les recueils de mythologie ou de légendes populaires de l'Allemagne parlent du petit homme de la lune. Voy. *Elsässisch. Volksbüchlein*, 2ᵉ édit., tome I, p. 151, note 262.

> Et si tu veux
> Jouer avec nous,
> Tâche d'attraper Lisette ! »

Hebel, le gracieux et inimitable poète alémannique a connu également « l'homme de la lune, » *Mann im Mond*, et lui a consacré une
charmante petite poésie. Ce fut, d'après lui aussi, un mauvais drôle
qui, les dimanches, allait dans la forêt pour voler du bois et en faire
des fagots. L'enfant le montre du doigt à sa mère et lui demande :

> *« Luèg, Muetterli, was isch im Mo' ? »*
> *— Hé, siehsch's denn nit, a Ma ?*
> *« Jo weggerli, i sieh nè scho,*
> *« Er hat è Tschöpli a. »*
>
> *« Was tribt-er denn die ganzi Nacht,*
> *« Er rüehret io kei Glied ? »*
> *— Hé, siehsch nit, ass er Welle macht ?*
> *« Io, èbè dreiht er d'Wied. »*

Essayons de traduire :

> « Regarde, petite mère, qu'y a-t-il dans la lune ? »
> — Eh, ne le vois-tu pas ? c'est un homme !
> « Vraiment, oui, je le vois,
> « Il porte une petite camisole. »
>
> « Que fait-il là-haut, toute la nuit ?
> « Il ne semble remuer aucun membre. »
> — Eh, ne le vois-tu pas? il fait des fagots.
> « Vraiment, oui, il vient de tortiller la branche d'osier »
>   (pour les lier ensemble),

Cependant la lune disparaît ; elle cède sa place au *soleil*, qui se
lève à l'horizon opposé. Il sourit, *d'Sunn lacht;* et, si c'est le dimanche
de Pâques, il tressaille de joie, à trois reprises, *d'Sunn duet drei
Freude Spring.,* en l'honneur de la résurrection du Seigneur. Puis il
jette ses rayons dorés sur nos côteaux plantés de vignes, les *Sunne-
bèrri*, les *Sunneképfle*, les *Sunneglitzer* et autres. Le vigneron alors
le salue avec joie et respect, (¹) car c'est le soleil bienfaisant qui « fait
cuire, » *kocht*, le bon vin d'Alsace (²).

(¹) *Les Evangiles des Quenouilles* (15ᵉ siècle), nouv. édit. 1855, p. 81, disent :
« Cellui qui souvent benist le soleil, la lune èt les estoilles, ses biens lui multi-
« plieront au double. »

(²) *Sébastien Munster* dit de même en parlant des vins d'Alsace ; « *An dem
« Berg kocht sich der gut Wein.* »

Mais les brouillards, gigantesques fantômes, blottis au fond des vallées humides, commencent à envahir les sommets des montagnes, et il ne s'échappe du disque à demi-voilé de l'astre du jour, que de rares et pâles rayons : c'est le temps où le soleil fait sa toilette ; il peigne ses longs cheveux dorés, *d'Sunn strält sich*. La pluie est imminente ; déjà le ciel se moutonne, *d'r Himmel schäfelt sich* ; la mère de la pluie, *d'Rëjèmueter*, s'installe sur son trône humide ; l'arbre de la pluie, *d'r Rëjèbaum*, étend au loin ses branchages vaporeux ; la verge de la tempête, *d'r Wetterbêsè*, apparaît au ciel ; ou bien, de monstrueux poissons, *d'Fisch*, nagent dans l'atmosphère et s'arrêtent sur les montagnes.

Lorsque le soleil se couche sans colorer de ses rayons les nuages entassés à l'occident, l'on dit qu'il glisse dans un sac, *d'Sunn schlupft in de Sack*, et l'on prédit la pluie pour le lendemain.

La pluie n'est pas toujours regardée comme un malheur ; le laboureur la souhaite au contraire bien souvent, et si elle tombe, ses enfants de chanter :

> « *'s rëit,*
> *D'r Ackersmann säit,*
> *Die Kérnelè springè,*
> *Die Véjelè singè*
> *Juhëh ! »*

Ce qui signifie :

> « Il pleut ;
> Le laboureur ensemence son champ,
> Les grains de blé sautent en l'air,
> Les petits oiseaux chantent
> *Juhëh ! »*

C'est au mois de mai surtout que les enfants aiment à s'exposer nu-tête à la pluie douce et rafraîchissante, car la pluie de mai les fait grandir (1). Ils chantent alors :

> » *Maïerëjè, mach'mi gross,*
> *I bin è kleiner Stumbè ;*
> *G'hér unter d'Lumbè. (2)*
> *Bliew' i als è Stumbè stehn,*
> *Will i liewer in's Himmelè gehn ! »*

---

(1) Voy. *Elsäss. Volksbüchlein*, 2ᵉ édit., I, 153 ; *Grimm*, Mythol., p. 549-566.
(2) Proprement : vieux chiffons ; haillons ; mauvais sujets ; mauvais drôles.

Traduisons :

> « Pluie du mois de mai , fais-moi grandir ,
> Je ne suis qu'un petit bout-d'homme ;
> Je ne suis qu'un petit mauvais drôle !
> Plutôt m'en aller droit au ciel
> Que de rester un petit bout-d'homme ; »

Voici une autre chanson , d'une originalité encore plus bizarre :

> « *Maïeréjè , mach'mi gross ,*
> *I bin è kleiner Stumbè !*
> *Steck'mi unter d'Lumbè !*
> *— D'Lumbè sin zè klein. —*
> *Steck'mi unter d'Stein !*
> *— D'Stein sin zè kalt. —*
> *Steck'mi in dè Wald !*
> *— Der Wald isch zè finster. —*
> *Steck'mi unter 's Minster !*
> *— 's Minster isch zè gross. —*
> *Steck'mi in è Blos !*
> *— D'Blos isch nit hell. —*
> *Steck'mi in è Budèll ! »*

Traduction :

> « Pluie du mois de mai , fais-moi grandir ,
> Je ne suis qu'un petit bout-d'homme !
> Mets-moi parmi les haillons !
> — Les haillons sont trop petits. —
> Mets-moi sous les pierres !
> — Les pierres sont trop froides. —
> Mets-moi dans la forêt !
> — La forêt est trop sombre. —
> Mets-moi sous la cathédrale !
> — La cathédrale est trop vaste. —
> Mets-moi dans une vessie !
> — La vessie n'est pas claire. —
> Mets-moi dans une bouteille !

Mais le couchant resplendit de ses teintes les plus brillantes ; les nuages ont revêtu leur manteau royal, d'or et de pourpre , et la journée suivante sera belle, car l'enfant Jésus vient d'allumer son four et fait cuire des beignets pour les donner aux enfants sages et dociles ; *'s Christkind bacht Kuechle.*

Aussi les enfants sont-ils les plus fidèles et les plus sincères amis du soleil. A les entendre, le soleil se renferme parfois dans le clocher du village ; alors une femme mystérieuse, la Sainte-Vierge, (¹) lui en ouvre la porte et le laisse sortir. Ils chantent :

> « *'s geht è Fraü in's Glockehus,*
> *Lost die heilig Sunn 'erus.* »

Si le soleil se cache derrière les nuages, ils s'écrient :

> « *Schättè, Schättè, laï di !*
> *Sunnè, Sunnè, xaï di !* »

C'est-à-dire :

> « Ombre, ombre, disparais !
> Soleil, soleil, montre-toi ! »

Ou bien ils entonnent ce quatrain :

> « *Sunnè, Sunnè, schinè,*
> *Fahr' iwwer dè Rhinè,*
> *Fahr' iwwer 's Glockèhus,*
> *Kumm ball widdèr in unser Hus.* »

Ce qui signifie :

> « Soleil, soleil, viens luire,
> Envole-toi par-delà le Rhin,
> Envole-toi par-delà le clocher,
> Mais reviens bientôt vers notre maison ! »

Par une soirée silencieuse, la brise fait tout-à-coup cliqueter les petites vitres rondes de la chaumière ; l'enfant alors s'en inquiète un instant, puis il demande :

> « *Diri diri Disel,*
> *Wer zopft m'r an mi'm Hisel ?* » (²)

Mais bientôt il se rassure, car on lui répond :

> « *D'r Wind, d'r Wind,*
> *Diss himmlischi Kind !* » (³)

Le *vent* qui s'élève subitement après un long calme, annonce le

---

(¹) En Allemagne c'est aussi la déesse *Holda*. Voy. *Elsässisches Volksbüchlein,* 2ᵉ édit., ɪ, p. 150-151.

(²) C'est-à-dire : « Diri diri Disel! (intraduisible) ; qui est-ce qui secoue ma petite maison ? »

(³) « C'est le vent, le vent, cet enfant du ciel. » — Déjà le langage ordinaire personnifie le vent ; l'on dit : « d'r Wind *geht,* » le vent va, marche.

plus souvent quelque malheur ; d'ordinaire on dit que quelqu'un s'est pendu , *'s hat sich Einer g'henkt.*

On appelle « danse des sorcières » , *Hexetanz* , un coup de vent qui soulève une masse de poussière et la fait tournoyer rapidement. Jetez-y un couteau , un autre objet de métal ou un chapelet bénit , et le charme est rompu , et la méchante sorcière , qui a causé le tourbillon de poussière , vous apparaîtra aussitôt dans le costume primitif du paradis.

Le roulement du *tonnerre* , pendant un orage , n'est autre chose que le bruit que font les boules lancées par les anges qui jouent aux quilles , *d'Engele kéjlè drowwè.* Si la foudre tombe , elle se transforme en massues de pierre , massues du tonnerre , *Dunnerkeïl* , ou bien en cognées du tonnerre , *Dunneräxt* (¹). Et nous voici en présence de la mythologie germanique ; car celui qui lance ces massues et ces cognées , c'est le génie des tempêtes , c'est le dieu Thôrr ou Donâr , qui traverse les nues sur son char rapide , attelé de boucs fougueux. En Allemagne le peuple lui substitue parfois Saint-Pierre , et lorsque le tonnerre gronde , l'on dit : « Sᵗ Pierre joue aux quilles. » Pour empêcher la foudre de tomber sur les maisons , on plante sur les toits l'herbe du tonnerre , l'herbe dé Sᵗ Pierre , *Dunnerkrut, Sanct-Peters-Krut ;* c'est la plante grasse connue , en botanique , sous le nom de *sedum telephium.*

Les cadrans solaires , *Sunnè-n-ihrlè* , tombent , en plein midi, du soleil sur une hauteur appelée *Sunneképflè ,* et située près de Soultzmatt. Ils passent pour être de bon augure , mais ce ne sont , en réalité, autre chose que des pétrifications très-abondantes , en ces lieux, et provenant , si je ne me trompe , de certaines liliacées.

Quant aux *brouillards* , ils sont causés par un petit esprit malin , nommé *Nèwwelmännel ,* qui se plaît à égarer les voyageurs attardés. Autrefois , à l'approche d'un brouillard , et pour en neutraliser les funestes effets , on avait coutume de sonner une petite cloche , appelée *Nèwwelgléckel.* Dans les vallées de Kaysersberg et de Saint-Dié , l'on invoque encore de nos jours , pendant les brouillards , Saint Déodat , parce que ce saint évêque n'avait qu'à étendre son bâton pour dissiper à l'instant les couches de vapeurs qui se trouvaient sur son passage.

Mais revenons au *Nèwwelmännel* ou génie des brouillards. Voici ,

---

(¹) C'est ainsi que le peuple nomme les *bélemnites.*

à son sujet, une légende populaire que l'on raconte aux environs de Colmar (¹).

« Le preux chevalier de *Schauenbourg* était parti pour combattre les Turcs et laissant dans son château d'Herlisheim, son épouse éplorée.

« Les semaines, les mois, les années s'écoulèrent, le chevalier ne revint pas et ne donna même aucun signe de vie. Le bruit se répandit alors dans la contrée, que Schauenbourg avait succombé dans le combat, et ce bruit parvint jusqu'aux oreilles de la châtelaine d'Herlisheim.

« De nombrenx galants ne tardèrent pas à se présenter à la jeune et belle veuve avec des protestations d'amour, les unes plus sincères et plus ardentes que les autres. Elle résista longtemps à toutes ces obsessions jusqu'à ce qu'enfin l'un des concurrents parvint à toucher son cœur. Le jour de la noce fut fixé.

« Dans la nuit qui précédait ce jour, le chevalier de Schauenbourg, que de graves blessures avaient retenu pendant plusieurs mois dans sa tente, se réveilla en sursaut. Il avait, dans son rêve, entendu résonner la cloche de la chapelle de son château, dans la cour et les appartements duquel se pressaient une foule de chevaliers et de dames en habits de fête.

« Devinant aussitôt la cause de sa vision nocturne, il se dresse sur son séant, en proie au plus terrible désespoir.

« Mais voici que tout d'un coup le sol tremble : un nuage lumineux remplit sa tente, et il en sort un petit homme, enveloppé dans un manteau gris.

« Je connais le sujet de vos alarmes, noble chevalier de Schauenbourg, lui dit le petit homme, d'une voix douce et mélodieuse : Vous voyez en moi le *Nebelmännlein*, bien connu sur les bords du Rhin et dans les belles plaines de l'Alsace. Il n'est que trop vrai que votre épouse, qui vous croit mort depuis longtemps, s'est enfin décidée à contracter, aujourd'hui même, un second mariage avec un des plus beaux et des plus puissants seigneurs du pays. Mais, tout n'est pas perdu pour vous, et si vous voulez me confier votre destinée, nous serons rendus à Herlisheim avant que les fiancés aient prononcé devant l'autel le mot fatal et que le prêtre ait béni leur

---

(¹) J'en dois la communication à mon ami *Christophorus*.

union. Ce ne sera toutefois qu'à une condition : c'est que vous me promettiez de faire sonner les cloches dans votre château ainsi que dans tous les villages dépendant de votre domaine, dès que le moindre brouillard s'élèvera ; car, sachez-le, je suis une pauvre âme, condamnée à vivre dans ces vapeurs tristes et humides, que peuvent dissiper seulement les rayons bienfaisants du soleil ou le son des cloches bénites.

« Le chevalier de Schauenbourg consentit volontiers à la demande du génie, qui, aussitôt, le fit sortir de la tente, l'enveloppa de son vaste manteau gris, et, fendant avec lui les airs, avec la rapidité d'un ouragan, le déposa, sans encombre, dans la cour du château d'Herlisheim.

« Ce fut au moment même où les deux fiancés allaient se rendre à la chapelle.

« L'épouse fidèle reconnut aussitôt l'objet de ses premières amours. Elle pousse un cri de joie et déclare dissoute une union qu'une erreur fatale allait lui faire contracter.

« Le chevalier de Schauenbourg, de son côté, tint parole à son mystérieux bienfaiteur. Dès qu'un léger brouillard menaçait d'étendre sur la plaine son voile humide, les cloches du château ainsi que celles de tous les villages de la seigneurie, se mettaient en branle et empêchaient les vapeurs légères de se condenser. On vit alors le *Nebelmännlein*, entouré d'un nuage lumineux, s'envoler avec un sourire plein de grâce et de reconnaissance, vers les hauteurs boisées des Vosges. »

L'usage de sonner les cloches, à l'approche d'un brouillard, existait jusqu'à la première révolution dans plusieurs communes de la Haute-Alsace, entre autres, dans celles d'Herlisheim et de Soultzbach. Le gardien du clocher de l'ancienne église d'Ensisheim, était, de même, engagé, par son serment, à sonner la cloche dès qu'un brouillard s'élevait, à partir de la fête de St. Georges : « *(Er soll) auch* « *des Nebels und Reiffen zu Sant Jergen Tag anfangen warzunemen* « *und so Er ein Nebel sicht, soll er anfahen luthen.* » [1].

La *neige* qui tombe en hiver provient du duvet qui s'envole des

---

(1) Serment du gardien de la tour de l'église. Voy. l'abbé Merklen, *Histoire de la ville d'Ensisheim*, tome Ier, page 279, note.

plumons lorsque les anges du ciel font leurs lits ; *d'Engelè mache 's Bett* (1).

Une charmante petite poésie se rattache à ce dicton. C'est une mère qui parle :

> « *D'Engelè han 's Bett gemacht,*
> *D'Feddrè fliejè 'runter ;*
> *Alle Da, do wachè sie,*
> *Z'Nâchts, do sinn sie munter.*
> *Wäre sie nit munter z'Nâcht,*
> *Wer hätt denn mînn Kind bewacht ?* »

C'est-à-dire :

> « Les anges ont fait leur lit,
> Le duvet tombe sur la terre ;
> Ils veillent le jour,
> Ils veillent la nuit.
> S'ils ne veillaient pas la nuit,
> Qui donc aurait gardé mon enfant ? »

Lorsque la neige est entremêlée de gouttes de pluie ou que les flocons de neige sont fortement battus par le vent et tourbillonnent çà et là, l'on dit que « les boulangers et les meûniers se querellent, » *d'Béckè un d'Miller händlè mit 'nander.*

Pour que la neige disparaisse de bonne heure au printemps, il faut, dit-on, se rendre au Bollenberg, près de Rouffach, prendre une certaine quantité de neige et la faire passer au tamis : *uff dè Bolleberg geh d'r Schnee rîtterè.*

Le printemps s'annonce toutes les fois que « le drap de lit du Hohenack, » *'s Lîntuech vum Hohnack,* c'est-à-dire, une grande masse de neige que l'on aperçoit, dans la plaine de Colmar, au-dessus du Hohenack, commence à disparaître, ce qui arrive, presque toujours, vers la fin du mois de mai.

Enfin, les neiges qui couvrent le sommet du *Ballon* de Soultz, ne s'en vont ordinairement qu'au mois de juin ou de juillet. Dès, qu'à cette époque de l'année, l'on voit des espaces noirs se former entre les couches de la neige, on dit, dans la plaine : le printemps s'avance, car les métayers du Ballon descendent la neige dans leurs hottes : *d'Sennè traghè d'r Schnee im Rückkorb in's Dâl.*

---

(1) En Allemagne c'est la déesse *Holda* qui fait son lit ou bien qui plume ses oies. Voy. *Elsässisch, Volksbüchlein*, 2e édit, I, 154-155.

Je m'arrête ici ; mais c'est en formant le vœu bien sincère., que l'exposé rapide et incomplet, et, sans doute, tant soit peu décousu, de ces quelques expressions populaires, de ces chants et de ces légendes qui se rattachent à la température et aux différents agents qui la déterminent, puisse quelque peu contribuer à faire aimer et à raviver parmi nous l'étude de notre dialecte alsatique, considéré, bien à tort, comme un jargon ou un patois, digne d'être voué, au plus vîte, à une complète extermination. Il n'en sera pas ainsi, dès qu'on voudra se donner la peine de l'étudier dans son origine, qui date du Krist d'Otfrit de Weissenburg, — c'est-à-dire du 9e siècle, — et de le poursuivre dans nos poètes et nos chroniqueurs du moyen-âge et du 16e siècle. Alors on lui reconnaîtra probablement, encore de nos jours, sa raison d'être ; on lui reconnaîtra, ce qui lui est dû, sa valeur linguistique et sa richesse poétique.

En effet, nous, qui conservons à juste titre et avec une préférence marquée, nos monuments d'architecture ancienne, qui fouillons les tumuli celtiques et suivons les traces des routes romaines qui sillonnent nos plaines et nos montagnes, pourrions-nous laisser dépérir et tomber dans un oubli coupable, ce que nos pères nous ont légué de plus précieux : ce langage alsacien, (1) si naïf et si énergique, ce langage qui seul peut transmettre à nos descendants, *dans toute leur intégrité*, nos légendes et nos chants populaires ?.... Ce sont-là aussi des documents, documents vivants, revêtus du sigille indélébile de la poésie et vidimés, durant des siècles, par tant de générations qui nous ont précédés.

Auguste Stœber.

---

(1) *Memorandum.* En 1808, un ministre de l'intérieur du premier empire, **M. Crétet, comte de Champmol**, a jugé à propos de provoquer la publication d'un ouvrage sur les différents dialectes de la *Suisse.* M. *Rouyer*, alors représentant de la France à Berne, à qui le ministre avait confié le soin de trouver un homme capable d'entreprendre ce travail, lui désigna comme tel M. *F. J. Stalder*, doyen et pasteur à Escholzmatt ; canton de Berne. Stalder s'acquitta de sa mission de la manière la plus honorable, non seulement envers les hommes éminents qui la lui avaient confiée, mais envers le monde savant tout entier. En effet, sa « Dialectologie suisse » est encore de nos jours le livre le plus apprécié qui traite de cette matière, et son « Idioticon suisse, » qu'il publia en 1812, en deux volumes, n'a pas encore été remplacé par un ouvrage plus savant et renfermant tous les dialectes helvétiques.

www.ingramcontent.com/pod-product-compliance
Lightning Source LLC
LaVergne TN
LVHW050226060726
842525LV00007B/2557